Bernhard Neugebauer

Kommen Tiere in den Himmel?

Was sagt die Bibel dazu?

AF280691

Kommen Tiere in den Himmel?

Was sagt die Bibel dazu?

… für alle, die es wissen wollen…

Bernhard Neugebauer, geb. 1955, Grundstudium am Theologischen Seminar Bienenberg in Liestal (Schweiz) 1980-1982. Akademisches Aufbaustudium am Theologischen Seminar Bienenberg und an der University of Wales (England) 2001-2004 zum Master in Pastoral Ministries (MA).

Er ist verheiratet und lebt mit seiner Frau Karin in der Nähe von Wels in Oberösterreich. Die beiden haben 2 Kinder und 3 Enkel.

© 2024 Bernhard Neugebauer
Bild: Chiriac Ciprian / Pixabay
Lektorin: Margit Niederauer

Verlag: BoD • Books on Demand GmbH,
In de Tarpen 42, 22848 Norderstedt
Druck: Libri Plureos GmbH, Friedensallee 273, 22763 Hamburg
ISBN: 978-3-7597-3128-9

Inhaltsverzeichnis

1. Einleitung

Und schon wieder diese Frage: Sag mal Mama, kommen eigentlich Tiere in den Himmel, wenn sie sterben?

Wie oft wurde diese Frage von Kindern wohl schon gestellt? Aber wir Erwachsene, haben wir darauf eine Antwort? Kinder denken noch ganz einfach und oft total logisch. Das Leben hier auf der Erde kann doch nicht alles sein. Es kann doch nicht einfach aus und vorbei sein und alles einfach verschwinden! Irgendwie oder irgendwo muss es ja weitergehen!

Schon in den Kindern steckt die tiefe Sehnsucht (ein Erahnen), dass der Tod nicht das Ende sein kann. Aber auch so mancher Erwachsene stellt sich die Frage: Werde ich mein geliebtes Tier nach dem Tod wiedersehen?

Nun, was sagt die Bibel dazu, welche Antworten hat sie auf diese Fragen, hat sie überhaupt eine?

Liebe Leserin, lieber Leser, es ist mir ein Anliegen, dass dieses kleine Buch auch von Laien gut zu lesen ist und deshalb habe ich es sehr kurz und einfach gehalten. Die Schriftgröße wurde so gewählt, dass niemand eine Lupe verwenden muss, um es zu lesen. Wichtige Bibelzitate sind nicht nur erwähnt oder in einer Fußnote zitiert, sondern im Text ausgeschrieben. Standardmäßig habe ich die Lutherbibel 1984 und in einigen Fällen, da wo mir die

Übertragung leichter verständlich erscheint, die „Hoffnung für alle" verwendet. Der jeweilige Auszug aus der „Hoffnung für alle" ist dann mit (*HFA*) gekennzeichnet. Ich ermutige Dich aber auch, in der Bibel selbst nachzuschlagen und nachzulesen.

Zur Information: die 5 Bücher Mose werden in manchen Bibeln auch nach ihrem ursprünglichen Namen genannt. 1.Mose: Genesis, 2.Mose: Exodus, 3.Mose: Levitikus, 4.Mose: Numeri und 5.Mose: Deuteronomium. Ich verwende jeweils die Abkürzungen 1.M. bis 5.M.

In den Fußnoten gebe ich manchmal beispielhaft Hinweise oder Verweise auf Bibelstellen, um das Gesagte zu verdeutlichen. Es ist sicherlich vorteilhaft die einzelnen Stellen auch in ihrem jeweiligen Zusammenhang zu lesen.

Persönliches

Jetzt muss ich doch mal was von uns, von unserer Familie erzählen.

Meine Frau Karin hatte in ihrer Jugend eigentlich keinen richtigen Bezug zu Tieren. Wenn ja, war er eher mit einem negativen Vorzeichen behaftet. Sie wurde als Kind von einer Katze attackiert und das blieb hängen. Sie wollte auch niemals ein Haustier haben, sie konnte damit nichts anfangen. Doch das änderte sich dann mit unseren Kindern.

Ich wollte unseren Kindern die wunderbare Schöpfung etwas näherbringen und so fing ich mit einer

Schmetterlingszucht an frei nach dem Motto, von der unscheinbaren Raupe zum wunderschönen Schmetterling. In meiner Jugendzeit habe ich mich bereits damit beschäftigt und es hat mich sehr fasziniert. Mein Lieblingsfalter war der Schwalbenschwanz, eine wundervolle Kreatur.

Auch unsere Kinder waren davon beeindruckt, wie aus einer Raupe ein Schmetterling wird. Da geht's um die richtige Futterpflanze, die optimale Umgebung für die Verpuppung und das lange Warten auf das Schlüpfen des Schmetterlings. Jeden Morgen wurde nachgesehen, ob es schon so weit ist. Und dann das Staunen über dieses tolle, wunderbare und farbenprächtige Geschöpf, das wir natürlich sofort in die Freiheit fliegen ließen.

Dies war der Anfang!

Es ging weiter mit einer Katze, die leider bald unter die Räder eines Autos kam. In der Folge schenkte uns jemand eine Ratte, ein Männchen, stubenrein und zahm. Bald darauf bekamen wir eine zweite zahme Ratte, die Freunden von uns zugelaufen war. Natürlich ein Weibchen! So tummelten sich kurze Zeit später jede Menge Rattenbabys in unserem Käfig, die wir dann an spezielle Züchter weitergegeben haben.

In den Jahren folgten Meerschweinchen, Hamster, Mäuse, Katzen, Hasen, Heuschrecken (Stab- und Gespensterheuschrecken, die manchmal im

Wohnzimmer frei herumfliegen durften) und zwei Igel, die wir aufgezogen und im Kinderzimmer durch den Winter gebracht haben; (übrigens wurden sie so zahm, dass sie sich sogar am Bauch kraulen ließen und beim Rufen ihres Namens aus ihrem Versteck hervorgekommen sind).[1]

Und natürlich einige Aquarien mit Fischen, Molchen und sogar einen Krebs hatten wir kurzfristig zu Gast. Ach ja, auch eine Wasserschildkröte, die hätte ich jetzt beinahe vergessen.

Als meine Frau einmal ihrer Mutter am Telefon erzählt hat, welche Tiere wir besitzen, hat diese gemeint: „Da fehlt euch ja nur mehr ein Vogel!" „Nein", war die spontane Reaktion von Karin, „den habe ich jetzt bei der Aufzählung übersehen, er heißt Pedro". Es war ein farbenprächtiger Nymphensittich.

Zum Schluss seien noch ganz besondere Tiere erwähnt: Spinnen in einem Terrarium! Na ja, nicht alle haben lange gelebt, denn wenn eine Spinne entkommen ist, hat Karin sie mit einem Schlag in die Ewigkeit befördert!

---

[1] Igel stehen unter Naturschutz. Im Notfall zum Tierarzt bringen oder in einer Igelstation abgeben, denn man benötigt dafür viel Wissen und Erfahrung (Hygiene, Desinfektion, richtige Umgangsweise und Pflege).

Übrigens:

In 46% - also in fast der Hälfte aller deutschen Haushalte leben Haustiere:[2]

15,2 Millionen Katzen
10,6 Millionen Hunde
4,9 Millionen Kleintiere (Hamster, Kaninchen, Mäuse, Ratten, Meerschweinchen)
3,7 Millionen Ziervögel
2,3 Millionen Aquarien mit Zierfischen und es gibt
1,4 Millionen Gartenteiche und
1,3 Millionen Terrarien mit unzähligen Tieren.

Und eines ist sicher - viele dieser Tiere sind ihren Besitzern ganz fest ans Herz gewachsen...

---

[2] Siehe https://www.zzf.de/marktdaten/heimtiere-in-deutschland (aufgerufen am 4.1.2024).

Abschiedsbrief unseres Sohnes an unsere Katze

Leb wohl kleiner Freund!

Als wir dich damals, im Frühling 2001, von einem Bauernhof holten, war ich 9 Jahre alt, jetzt bin ich 27 und du hast meine Familie und mich während der letzten 18 Jahre stets begleitet, du warst ein Familienmitglied, und als ich mit meinem Sportverein gestartet bin, hab ich dich zu unserem Team-Maskottchen auf Social Media ernannt. Du warst immer aufgeweckt, lieb, treu, süß, oft lustig und tollpatschig, immer hungrig, sehr neugierig und manchmal auch ziemlich nervig, gerade der zuletzt genannte Punkt wird mir aber auch am meisten abgehen...

Genau heute vor einer Woche endete deine Reise, meine Eltern brachten dich zum Tierarzt, weil du deine Hinterfüße nicht mehr bewegen konntest. Leider kam ich nicht mit, weil ich nicht dachte, dass es dein letzter Tierarztbesuch sein wird, eine dumme Entscheidung, die ich sehr bereue. Es gab nichts was der Tierarzt noch hätte tun können. Deine inneren Organe hörten langsam auf zu arbeiten. Du hättest laut Tierarzt nur noch 2-3 Tage zu leben gehabt, ehe du unter starken Schmerzen von uns gegangen wärst. Somit war es wohl das Beste, dich friedlich einschlafen zu lassen.

18 Jahre ist eine lange Zeit... Meine Schwester, mein Papa und auch meine Mama werden dich vermissen, mach's gut Schnurli!

Marchtrenk, 9. August 2019

Ja, das hat uns als Familie alle sehr beschäftigt, als wir mit unserer Katze beim Tierarzt waren und sie einschläfern lassen mussten.

Der im Internet oft zitierte Satz:
„Deine kleinen Pfoten haben große Spuren in unseren Herzen hinterlassen" scheint doch ein Stück Wahrheit zu beinhalten.

„Nun ist die Katze im Tierhimmel" sagte der Tierarzt und wir gingen traurig nach Hause. Auf einmal war unser Schnurli nicht mehr da. Fast zwei Jahrzehnte hat er uns treu begleitet und jetzt ist er einfach weg!

„Nun ist das geliebte Tier im Tierhimmel", eine Aussage, die man immer wieder hört.

Was ist dran an dieser Formulierung?
Gibt es einen Himmel für die Tiere oder ist das nur ein frommer Wunsch, der uns vielleicht in unserer Trauer über das verlorene, geliebte Lebewesen etwas zu trösten vermag?

Was sagen wir unseren Kindern, die um ihren kleinen oder großen Liebling trauern?
„Er ist fortgelaufen?"
Oder: „Jetzt sitzt er auf einem Stern und schaut dir von oben zu?"

Eine Familie hatte zwei Meerschweinchen, Felix und Leo. Eines Tages lag Leo tot in seinem Käfig. Die Eltern überlegten wie sie ihren Kindern beibringen könnten, dass Leo jetzt nicht mehr da ist.

Sie sagten: „Felix hat Leo gefressen und Leo lebt jetzt in Felix."

Das ist ja auch nicht gerade eine tolle Antwort, oder?

Ich habe auch das Folgende schon mal gehört:
Wenn das Tier stirbt, während das Kind nicht zuhause ist, könnte man ja ein neues Tier besorgen und in den Käfig setzen und hoffen, dass der Unterschied nicht auffällt.

Viele Tierliebhaber kennen wahrscheinlich auch diese Formulierung:

„Lucky ist über die Regenbogenbrücke gegangen."
Diese schon weltweit bekannte Redewendung erzählt von einem wunderschönen Ort mit einer bunten Brücke die von der Erde bis zum Himmel führt. Wenn das Haustier stirbt, begibt es sich an diesen Ort. Da gibt es bestes Futter, klares Wasser zum Trinken, Sonne und Wärme und viele Spielgefährten. Außerdem sind alle Tiere, die krank und alt, die verletzt und verstümmelt waren, wieder gesund und glücklich. In dieser wunderbaren Umgebung wartet das Tier bis der menschliche Gefährte nach dessen Tod nachkommt. Dann gehen sie

gemeinsam über die Regenbogenbrücke und werden von jetzt an nie mehr getrennt sein.

Diese Geschichte soll Trost spenden. Es gibt sie bereits in sehr vielen Variationen und auch verschiedene Kinderromane wurden zu diesem Thema schon geschrieben.

Die erste Erzählung über die Regenbogenbrücke stammt von einer Schottin mit Namen Edna Clyne-Rekhy, die im Jahr 1959 im Alter von 19 Jahren auf ein Blatt Papier ihre Trauer über den Tod ihres geliebten Hundes Major zum Ausdruck brachte. So hat die wohl berühmteste Geschichte über die Tiertrauerliteratur ihren Anfang genommen.[3]

Die Frage nach einem Weiterleben des geliebten Tieres beschäftigt anscheinend mehr Zeitgenossen als man vermuten möchte. Auch viele Eltern fragen sich, wie soll ich es meinem Kind erklären, da sie selber keine Antwort darauf haben, oder vielleicht auch, weil sie sich bis zu diesem Zeitpunkt noch nie Gedanken darüber gemacht haben.

Aber, gibt es eine Antwort?

---

[3] Siehe https://www.orderofthegooddeath.com/article/the-rainbow-bridge-the-true-story-behind-historys-most-influential-piece-of-animal-mourning-literature/ (aufgerufen am 22.07.2023).

Bevor ich darauf eingehe, müssen wir uns noch mit einigen Dingen beschäftigen.

Je nach religiösem und kulturellem Hintergrund gibt es verschiedene ernsthafte Versuche die Frage zu klären, ob es auch einen Himmel für Tiere gibt.

2. Abgrenzung

Mein Anliegen ist es, so wie im Titel bereits angekündigt, die Sichtweise der Bibel darzustellen. Hier muss aber gleich betont werden, dass in der Bibel dieses Thema nicht ausführlich behandelt wird. Dennoch gibt es einige wenige aber sehr wertvolle Andeutungen, denen ich hier nachgehen werde.

Ich möchte zwei Sichtweisen in Bezug auf Lebewesen kurz anführen, die für diese Darstellung wichtig sind.

3. Definition Lebewesen

a. Die naturwissenschaftliche Sichtweise

Sind Pflanzen auch Lebewesen?

In der Naturwissenschaft ist der Unterschied zwischen Pflanzen und Tieren nicht ganz klar abgegrenzt. Es gibt aber grundlegende Ansichten darüber, was Leben ist und was nicht. Beispielhaft hier eine Liste, die biologisches Leben beschreiben soll.

Liste Merkmale des Lebens[4]

Fortpflanzung: Lebewesen haben die Fähigkeit zur Selbstvermehrung. Sie können dabei bestimmte Eigenschaften von sich selbst auf ihre Nachkommen übertragen.

Stoffwechsel und Energiewechsel: Damit etwas lebt muss es Stoffe und Energie mit der Umgebung austauschen. Dies dient dazu wichtige Funktionen wie zum Beispiel Atmung oder Ernährung und Versorgung zu ermöglichen.

Wachstum und Entwicklung: Lebewesen sind in der Lage an Gewicht und Größe zu wachsen. Sie können dabei Form und Aussehen sehr stark verändern.

Bewegung: Etwas das lebt ist grundsätzlich in der Lage sich zu bewegen. Dies kann sehr langsam sein wie bei Schnecken oder Pflanzen (Drehung der Blätter), dennoch bewegen diese sich.

Reizbarkeit: Lebewesen können Informationen aus der Umwelt oder aus dem Inneren des Organismus aufnehmen und auf diese Informationen reagieren.

Zellen: Etwas wird nur als Leben bezeichnet, wenn es aus Zellen besteht. Die Zelle ist dabei die kleinste selbstständige Einheit in einem Lebewesen.

---

[4] Quelle: Gut-erklärt.de „Die Merkmale des Lebens", Auszug aus: https://www.gut-erklaert.de/biologie/merkmale-des-lebens.html von Dennis Rudolph (aufgerufen am 2.7.2023).

Zusammenfassend kann gesagt werden:
In der Naturwissenschaft wird etwas als lebendig bezeichnet, wenn es sich fortpflanzen kann, über einen Stoff- und Energiewechsel verfügt und einem Wachstum unterliegt. Weiters muss es sich bewegen können, reizbar sein und Zellen, die sich anpassen können, aufweisen.
Alle Merkmale müssen gleichzeitig erfüllt sein, damit etwas als Lebewesen bezeichnet werden kann.

In der Biologie sind Lebewesen zum Leben fähige Einheiten (Organismen), zu denen u.a. Bakterien, Pilze, Pflanzen und Tiere zählen. Ja, auch wir Menschen gehören natürlich dazu.
Wir müssen jedoch sagen, dass in der Wissenschaft keine Einigkeit besteht, wann der Übergangspunkt vom Nichtleben zum Leben erkennbar ist.

b. Die biblische Sichtweise
In der Bibel begegnet uns eine etwas andere Betrachtungsweise. Bereits auf den ersten Seiten im sog. Schöpfungsbericht erkennen wir, dass die Bibel einen Unterschied macht zwischen Pflanzen und Tieren, wobei sie nur die Tiere und natürlich auch den Menschen als lebend, lebendig bezeichnet. Im Wesentlichen sind es drei hebräische Ausdrücke die dafür verwendet werden.

„*nefesch*": Dieses Wort (es wird oft mit Seele[5] übersetzt), das bereits in den ersten beiden Kapiteln der
Bibel vorkommt, ist ein Begriff, der für Tiere und
Menschen gleichermaßen verwendet wird, um zu
zeigen, dass sie lebendige Wesen, Lebewesen sind.[6]

„*rûaḥ*": Der Begriff des von Gott eingehauchten Le-
bensodems (Atem) wird für Menschen und Tiere als
Ausdruck eines lebenden und atmenden Wesens
gleichbedeutend benützt.[7]
Also auch den Tieren wurde dieser Lebensatem gegeben.

> „*Denn es geht dem Menschen wie dem Vieh: wie
> dies stirbt, so stirbt auch er, und **sie haben alle
> einen Odem**, und der Mensch hat nichts voraus
> vor dem Vieh.*" *Prediger 3,19*

Der dritte Ausdruck, der in der Bibel oft für Leben
oder lebendig verwendet wird ist

„*chay*": Dieses Wort bedeutet so viel wie lebend.

---

[5] Auf den Begriff „Seele" und die verschiedenen Betrachtungs-
weisen möchte ich hier nicht eingehen, das würde zu weit führen.
[6] Z.B. 1.M.2,7; 1.M.2,19; 1.M.9,4; 2.M.9,10; Hiob 12,10; Sprüche
12,10; und 4.M.31,28, hier wird das Wort „*nefesch*" für Mensch
und Tier im gleichen Vers verwendet.
[7] 1.M.7,15+21-23; Psalm 104,24-30 (29+30!)

Es wird ebenso in gleicher Weise für Tiere und für Menschen verwendet.[8]

Interessant ist, dass sich das kombinierte Wort *„nefesch chay"* (lebendige Seele), im ersten Buch Mose in den ersten neun Kapiteln zehnmal findet und davon bezieht es sich nur einmal auf den Menschen. Neunmal wird es für die Tiere gebraucht.[9]

All diese Begriffe werden für Pflanzen in Bezug auf Lebendigkeit oder Lebewesen kein einziges Mal verwendet.

Die Bibel bezeichnet nur Menschen und Tiere als Lebewesen. Sie haben beide den „Atem des Lebens", den sogenannten „Lebensodem", in sich. Das gilt ebenso für die Wassertiere, die über ihre Kiemen atmen. Sie alle werden als „lebendige Wesen, lebendige Seelen" bezeichnet.[10]

Bei Menschen und Tieren verwendet die Bibel für den Tod die Bezeichnung „sterben". Das Ende von

---

[8]   1.M.1,20: „Es wimmle von lebendigen Tieren…" 1.M.1,21,24+30; 1.M.2,7+19.

[9] Die Bibel macht in Bezug auf das Wort „Seele" keinen Unterschied, ob es sich um Menschen oder Tiere handelt. Beide sind lebendige Wesen, egal, wie dieser Begriff definiert wird und welche Bedeutung wir ihm geben.

[10] 1.M.1,20-24; 1.M.9,10+12+15-16.

Pflanzen bezeichnet sie als „verdorren" oder „verwelken".[11]

Nachdem ich bei meinen Überlegungen auf die biblische Sichtweise eingehe, werde ich auch hier die biblische Darstellung von Leben übernehmen. Das bedeutet kurz gesagt, alle Menschen und alle Tiere haben ein von Gott gegebenes Leben. Ich gehe also nicht auf die Frage ein, ob unsere schönen Blumen und Pflanzen leben und eine Ewigkeitsperspektive haben. Bei den Tieren mache ich keinen Unterschied, ob es sich um kleinste oder größte Lebewesen handelt. Für unsere Haustiere und Wildtiere gilt das natürlich ebenso.

Wir müssen nun etwas genauer in die Bibel hineinsehen um zu verstehen, was sie zu unserem Thema zu sagen hat.

---

[11] Prediger 3,19; 9,4; Jona 4,7+10; Hesekiel 17,9-10; Matthäus 21,19.

4. Der biblische Schöpfungsbericht

Um den wesentlichen Unterschied zwischen Menschen und Tieren aus biblischer Sicht zu sehen, müssen wir im Schöpfungsbericht nachlesen.

Dort heißt es im ersten Kapitel, [12] dass Gott Himmel und Erde auf wunderbare Art und Weise erschaffen hat. Am Ende der Schöpfungstage hat er alles genau betrachtet und es war sehr gut! Der Mensch war perfekt und er lebte in einer perfekten, für ihn passenden Umgebung. Das bedeutet, es war alles nach Gottes Vorstellungen, ohne Fehler oder Schwächen und absolut harmonisch.

Der Mensch lebte in uneingeschränktem, offenem Vertrauen auf seinen Schöpfer. Schmerz, Krankheit und Tod, [13] das alles gab es noch nicht. [14] Davon wird uns erst im dritten Kapitel nach dem sogenannten Sündenfall der ersten Menschen berichtet. Aber dazu etwas später.

---

[12] 1.M.1,1-31. Aufgrund der Länge dieses Abschnittes habe ich ihn hier nicht abgedruckt. Bitte selbst in der Bibel nachschlagen und lesen. Es sind dies die ersten Seiten der Bibel.

[13] Der Tod wird in der Bibel als Feind, als Eindringling, bezeichnet (1.Korinther 15,26; Römer 5,12).

[14] Der Mensch war bei Gott, er hatte Zugang zur Frucht des Lebensbaumes, die ihm ewiges Leben geben konnte (1.M.2,9; 1.M.3,22). Eine tolle Perspektive zeigt die Bibel in Offenbarung 21,4-5. In der Zukunft, im Himmel, wird auch der Baum des Lebens (Bäume des Lebens) wieder vorhanden sein. Ein wunderbares Leben mit und bei Gott, von Ewigkeit zu Ewigkeit, ist die Folge (Offenbarung 22,1-5).

Das erste Kapitel des Schöpfungsberichtes ist eine Art Zusammenfassung. Im zweiten Kapitel wird dann ein besonderer Fokus auf die Erschaffung des Menschen, als Mann und Frau, gelegt. Wir können erkennen, dass Gott ein ganz besonderes Interesse an dieser seiner Schöpfung hat. Es ist sehr bunt beschrieben, wie er die Erde schuf und einen wunderbaren Garten anlegte, in den er den Menschen und die Tiere hineingesetzt hat. Die Erde ist nicht nur für uns Menschen geschaffen, sie ist der Lebensraum für Menschen und Tiere.

Es ist in diesen Kapiteln nicht zu sehen, dass sich Gott vor allem um den Menschen gekümmert hätte, und die Tiere so nebenbei geschaffen wurden[15]. Die Bibel zeigt uns sogar, dass Gott ein Drittel der gesamten Schöpfungszeit für die Erschaffung der Tiere verwendet hat, so wichtig sind sie ihm. Er schuf sie alle nach ihrer Art. Wenn wir unsere Augen öffnen, dann sehen wir wie fantasievoll, vielfältig, farbenprächtig, ja wunderbar und vollkommen sie gemacht sind. Sehr viel Schöpferliebe steckt da in jedem Detail.

---

[15] Wie bereits vorhin gezeigt, macht die Bibel keinen Unterschied in Bezug auf den „Atem des Lebens", den alle Lebewesen erhalten haben. Beim Schöpfungsakt des Menschen wird jedoch explizit erwähnt, wie er ihn erhalten hat (1.M.2,7). Das unterstreicht durchaus die Sonderstellung des Menschen.

Die Bibel sagt uns auch, dass Gott jedes Tier zu Adam gebracht hat, und Adam hat dann all diesen tollen Geschöpfen einen Namen gegeben.

Wenn ich mir das so vorstelle: Adam sieht das erste Mal ein Meerschweinchen, einen Löwen, einen Schmetterling, einen Hund, einen Affen, eine Schnecke, einen Bären, eine Ameise, einen Papagei usw. Das muss für ihn etwas ganz Besonderes gewesen sein!

Aber, letztlich suchte Adam nach einer Frau, nach einem Gegenüber.[16]

Und so schuf Gott, auf ganz besondere Art und Weise Eva, ein wundervolles Gegenüber für Adam.[17]

5. Der Mensch als Ebenbild Gottes

Dieser Begriff „Ebenbild Gottes" wird in der Bibel nur für uns Menschen verwendet, aber was bedeutet er?

Viele hervorragende Philosophen und Theologen haben sich Gedanken darüber gemacht. Ob Gott wohl so aussieht wie wir Menschen? Hat er einen Körper, so wie wir ihn haben mit Händen und Füßen? Ist es die Intelligenz, die den Menschen besonders auszeichnet und Gott ähnlich macht, wie es vor allem in der Theologie im Mittelalter verstanden

---

[16] 1.M.1,19-20
[17] 1.M.1,18+21-23

wurde, oder die Fähigkeit mit Gott zu kommunizieren?

Wenn wir jedoch diese Aussage „Ebenbild Gottes" im Zusammenhang betrachten, dann sehen wir deutlich, wie dieser Hinweis im Wesentlichen zu verstehen ist.

> *„Und Gott sprach: Lasset uns Menschen machen, ein Bild, das* **uns**[18] **gleich** *sei,* **die da herrschen** *über die Fische im Meer und über die Vögel unter dem Himmel und über das Vieh und über alle Tiere des Feldes und über alles Gewürm, das auf Erden kriecht.*
>
> *Und Gott schuf den Menschen* **zu seinem Bilde,** *zum Bilde Gottes schuf er ihn; und schuf sie als Mann und Frau.*
>
> *Und Gott segnete sie und sprach zu ihnen: Seid fruchtbar und mehret euch und füllet die Erde und* **machet sie euch untertan und herrschet** *über die Fische im Meer und über die Vögel unter dem Himmel und über das Vieh und über alles Getier, das auf Erden kriecht."*
>
> *1.M.1,26-28*

---

[18] Das Wort für Gott steht hier in der Mehrzahl. Das könnte ein Hinweis auf die Dreieinigkeit Gottes sein, oder es ist einfach ein Hinweis auf die unvorstellbare Größe und Allmacht Gottes.

*„Lasset uns Menschen machen, **ein Bild**, das **uns gleich** sei, **die da herrschen** über...“*
Vers 26

Das Herrschen wird im Schöpfungsbericht besonders betont und in engem Zusammenhang mit dem Ebenbild Gottes gesehen. Das bedeutet, so wie Gott über die ganze Schöpfung herrscht (das Universum, die Engelwelt usw.), genauso soll der Mensch über den Teil der Schöpfung, der ihm zugewiesen wurde (Erde, Tiere, Pflanzen usw.), herrschen.[19]

König David bezeichnet es so:

„Herr unser Herrscher...
Du hast ihm (dem Menschen) *den Auftrag gegeben über deine Geschöpfe zu herrschen. Alles hast du ihm zu Füßen gelegt:*
die Schafe und Rinder, die wilden Tiere, die Vögel am Himmel, die Fische im Wasser und alles, was die Meere durchzieht.
Herr, unser Herrscher ...“
Psalm 8,1+7-10 (HFA)

Also nochmals, das von Gott für uns Menschen gewollte Konzept, so wie die Bibel es darstellt:

---

[19] Siehe auch Psalm 8,4-10.

Gott herrscht über die ganze Schöpfung und wir Menschen sollen über die Erde und alles was sie beinhaltet, herrschen.[20]

Ich versuche das einmal symbolisch anhand einer Grafik zu skizieren.

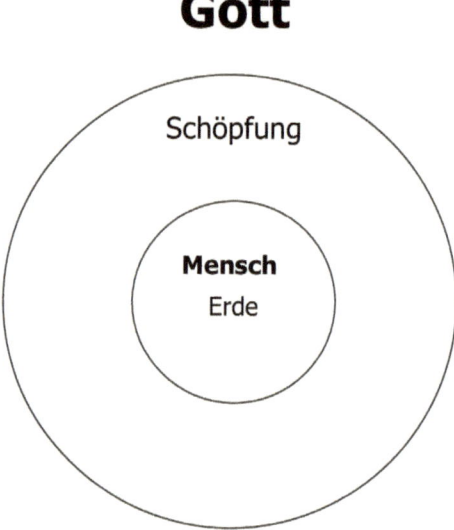

Die Grafik soll vereinfacht den Menschen als Ebenbild Gottes darstellen. So wie Gott über die ganze

---

[20] Auf den letzten Seiten der Bibel wird das Herrschen des Menschen wieder angesprochen. Diesmal nicht auf der Erde, sondern im Himmel (Offenbarung 22,5). Der Mensch ist bestimmt in Gemeinschaft mit Gott zu leben und mit ihm zu herrschen, zu regieren, und das von Ewigkeit zu Ewigkeit, also immerwährend. Dieses wunderbare Ziel Gottes mit uns Menschen wird am Ende erreicht werden. So beschreibt es die Bibel.

Schöpfung regiert, regiert der Mensch über die Erde. Wesentlich dabei ist, dass der Mensch ein Geschöpf unter anderen Geschöpfen ist, aber dennoch eine ganz besondere Stellung hat!

Natürlich ist das Herrschen Gottes räumlich grenzenlos und auch zeitlich gesehen unendlich. Für ihn gibt es keine Begrenzungen.

Nun stellt sich die Frage, was bedeutet es zu herrschen?
Man kann es so beschreiben: untertan machen und beherrschen mit allen Konsequenzen. Gemeint ist aber nicht eine total willkürliche Machtausübung.
Das hebräische Wort für „herrschen" kann ebenso als regieren bezeichnet werden, das heißt, so wie ein guter König für seine Schutzbefohlenen zu sorgen.

Regieren bedeutet aber auch Verantwortung zu tragen. Wir Menschen haben von Gott den Auftrag bekommen über die Erde zu herrschen und zu regieren und somit sind wir für unser Tun und Lassen vor ihm auch verantwortlich. Aber selbstverständlich sind wir auch verantwortlich gegenüber dem Teil der Schöpfung über den wir regieren.
Das bedeutet, wenn wir einen Fehler machen, dann betrifft das die ganze Erde und die darauf befindlichen Geschöpfe, denn sie sind uns ja anvertraut.

Noch ein weiterer Begriff kommt in der Bibel dazu und der kann übersetzt werden mit bebauen, pflegen und bewahren.

> *„Gott, der HERR[21], brachte den Menschen in den Garten von Eden. Er gab ihm die Aufgabe, den Garten zu bearbeiten und ihn zu bewahren."*
> *1.M.2,15 (HFA)*

Die Sichtweise der Bibel ist, dass Gott die Schöpfung nicht einfach sich selber überlässt, sondern immer wieder aktiv und wohlwollend eingreift und handelt. Und genauso sollen auch wir Menschen uns um unseren zugewiesenen Herrschaftsbereich kümmern. Nicht aggressiv, tyrannisch und zerstörerisch, sondern verwaltend, beschützend, wohlwollend und pflegend. Dabei darf der Mensch aber nicht vergessen, dass die Schöpfung ihm nur anvertraut ist und immer Gottes Besitz ist und bleibt.

---

[21] Im Alten Testament benutzen die Luther Bibel und auch manch andere Übersetzungen die Schreibweise „HERR" für den Begriff „Herr" um deutlich zu machen, wo im hebräischen Grundtext die Buchstaben JHWH (Jahwe) als Gottesname verwendet werden. Siehe der Name Gottes: „Ich bin, der ich bin" (und der ich sein werde) 2.M.3,13-15.

6. Der Sündenfall[22]

Wenn wir den Schöpfungsbericht und den Sündenfall im Zusammenhang der Bibel betrachten, dann
sehen wir, dass Gott uns Menschen und die Tierwelt nicht für die Vergänglichkeit, sondern für die
Ewigkeit, für die Unvergänglichkeit geschaffen hat.
Wie bereits erwähnt, Schmerz, Krankheit und Tod
gab es im Garten Eden noch nicht. Es war alles harmonisch, wunderbar und sehr gut!
Letztendlich sehnen wir Menschen uns noch immer
nach dieser Zeit im Garten Eden und somit nach der
Ewigkeit. All unser endloses Suchen und Streben
nach Frieden, Freude und Harmonie, Anerkennung
und Sinnerfüllung, fußt in dieser Tatsache. Und
nichts auf dieser Welt kann dieses tiefe Verlangen
stillen.

Die Bibel bezeichnet es so:

„Gott hat die Ewigkeit in unser Herz gelegt."
Prediger 3,11

Man könnte sagen, bei uns Menschen, ja bei jedem
Einzelnen, dreht sich alles bewusst oder unbewusst

---

[22] Das Wort Sünde (hebr. chat´at) bedeutet so viel wie „Verfeh-
len eines Zieles" und beschreibt im Wesentlichen das Getrennt-
sein von Gott. Gottes Ziel mit uns Menschen ist die Gemeinschaft mit ihm (Kolosser 1,16).

darum, den Garten Eden, das sogenannte Paradies, wieder zu finden. Die Ahnung von einem verlorenen Paradies gehört zu den ältesten Vorstellungen, die uns Menschen erdumfassend bewegen.
Aber warum haben wir dieses Paradies verloren?

Die Bibel zeigt uns ganz klar die Antwort.

Da heißt es:

> *„Und Gott der HERR nahm den Menschen und setzte ihn in den Garten Eden, dass er ihn bebaute und bewahrte. Und Gott der HERR gebot dem Menschen und sprach: Du darfst essen von allen Bäumen im Garten, aber von dem Baum der Erkenntnis des Guten und Bösen sollst du nicht essen; denn an dem Tag, da du von ihm isst, musst du des Todes sterben."*
> 1.M.2,15-17

Unser Schöpfer hat uns als Menschen mit einem freien Willen und einer ganz besonderen Würde ausgestattet. Gott ist kein Puppenspieler. Er wollte keine Marionetten, die, wenn er an einer Schnur zieht, zu ihm sagen: „Gott, du bist gut", und wenn er an einer anderen Schnur zieht: „Gott, danke dafür." Nein, Gott wollte und möchte Menschen, die freiwillig[23] und von ganzem Herzen in seiner Nähe leben, Menschen, mit denen er sich liebevoll austauschen und kooperieren kann.

Aber stattdessen kam es zur größten Katastrophe, die jemals auf der Erde geschehen ist. Dieses schreckliche Ereignis ist vor vielen, vielen Jahren passiert und hat die ganze Schöpfung erschüttert. Wir alle leiden noch heute unter den schweren und entsetzlichen Folgen. All die Katastrophen, die es seitdem gegeben hat (Kriege, Hungersnöte, Überschwemmungen, Erdbeben usw.), sind an Brutalität und an Schrecklichem nicht zu vergleichen mit dem was damals geschah.

Nun, wovon rede ich?

Ich rede von der Trennung des Menschen vom lebendigen Gott!

Die Bibel sagt, dass alles was Gott geschaffen hat, von ihm gemacht wurde, um in enger Gemeinschaft mit ihm zu leben.[24] Aber wir Menschen haben uns von Gott unserem Schöpfer getrennt und ganz bewusst das einzige Verbot, das Gott uns gegeben hat,

---

[23] Gottes Gebot, von diesem Baum nicht zu essen, zeigt, dass der Mensch nicht automatisch nach dem Willen Gottes lebt, sondern sich ganz bewusst dafür entscheiden muss und sich auch dagegen entscheiden kann.
[24] Kolosser 1,16-17, hier ist die Rede von Jesus.

ignoriert und übertreten.[25] Somit haben wir die Herrschaft Gottes über uns abgelehnt und uns selbst als unabhängiger Herrscher über die Schöpfung gesetzt. Wir verhalten uns so, als wären wir selber Gott.

Das hatte dramatische Folgen, nicht nur für die ersten Menschen, sondern für die ganze Menschheit und die ganze Welt. Und weil Gott gerecht ist und den Willen des Menschen anerkennt bzw. akzeptiert, hat er nicht korrigierend eingegriffen.

Wenn Gott ein Gott der Ordnung ist, dann ist getrennt von ihm die Unordnung, das Chaos.

Wenn Gott die Liebe ist, dann ist getrennt von ihm der Hass.

Und wenn Gott das Leben ist, dann ist getrennt von ihm der Tod.

Das ist doch klar, oder?!

Gott sagte:

> *„…an dem Tag, an dem du von diesem Baum isst, musst du des Todes sterben." 1.M.2,17*

---

[25] 1.M.3,6. In diesem Zusammenhang spielt die Schlange, die der Feind Gottes als Sprachrohr benutzt hat, eine wesentliche Rolle 1.M.3,1-5. Die Bibel bezeichnet diesen Feind als Diabolos - Durcheinanderbringer, Satan (z.B. Offenbarung 12,9).

Jetzt lesen wir aber, dass die ersten Menschen an jenem Tage nicht gestorben sind. Wie ist denn das zu verstehen? Hat sich Gott etwa geirrt?
Nein!
Denn an diesem Tag wurden sie aus dem Garten Eden, aus dem Paradies vertrieben. Das bedeutet: Von Gottes Nähe in Gottes Ferne!

Ohne Gott zu leben, das nennt die Bibel den geistlichen Tod, denn da gibt es keine lebendige Beziehung mehr zu Gott.[26] Der körperliche Tod ist nur die natürliche Folge und der Beweis des geistlichen Todes.

7. Situation der Schöpfung nach dem Sündenfall

Wie wir in der Bibel bereits gelesen haben, wurden wir Menschen von Gott beauftragt, verantwortlich über die Erde und den darauf befindlichen Geschöpfen zu herrschen. Aber durch den Sündenfall haben wir den ganzen Bereich der Schöpfung, über den wir Verantwortung tragen, in die

---

[26] Epheser 2,1+5-6, siehe auch das Gleichnis: „Der verlorene Sohn" (Lukas 15,11-32, besonders Vers 24). Die Bibel meint mit Tod nicht das Ende, sondern Trennung, die Trennung von Gott als Quelle des Lebens. Und diese Trennung änderte den gesamten Verlauf der Menschheitsgeschichte.

Vergänglichkeit, ja in den Tod mitgerissen.[27] Eine furchtbare Tatsache! Das bedeutet, wie vorhin bereits erwähnt, herrschen mit aller Macht und allen Konsequenzen!

So wie Gott nach dem Sündenfall die Menschheit aus dem Garten Eden vertrieben und dem Tod preisgegeben hat, so hat er auch den kompletten Verantwortungsbereich des Menschen der Vergänglichkeit unterworfen.

Der Apostel Paulus hat es so dargestellt:

> *„Die Schöpfung ist ja unterworfen der Vergänglichkeit – ohne ihren Willen, sondern durch den, der sie unterworfen hat…"*
> *Römer 8,20*

Mit dem *„der sie unterworfen hat"* ist Gott gemeint.[28] An all dem sehen wir, wie ernst Gott uns Menschen und unsere Entscheidungen nimmt. Die Schöpfung wurde aufgrund des Ungehorsams des Menschen der Vergänglichkeit preisgegeben, deshalb hat Gott vieles beträchtlich umgestaltet und verändert. Wir können also sagen, wenn der Mensch nicht Gottes Gebot übertreten hätte, wäre der gesamten Schöpfung das Todesgeschick erspart geblieben.

---

[27] 1.M.3,7-19; Römer 8,20.
[28] Römer 8,18-23

Diese Aussage ist in der Bibel so elementar, dass ich sie nicht oft genug betonen kann.

Die Folgen dieser großen Veränderung in der Schöpfung sind enorm und sehr weitreichend. Ich möchte hier kurz einiges aus der Sicht des Menschen und der Tiere aufzeigen.

Die Bibel zeigt, dass die Frau im Garten Eden bei der Geburt eines Kindes keine Schmerzen zu erleiden hatte. Erst nach der Vertreibung aus diesem Garten wurde dies für sie zur Realität.[29]

Die harmonische Beziehung zwischen Mann und Frau, zur Natur, ja zur ganzen Schöpfung, wurde zerstört. Disteln und Dornen versperren den Weg zu den Früchten. Der Mensch muss mit großer Anstrengung dem Boden die Frucht abringen. Krankheit, Schmerz und Tod kamen und blieben, so wie Gott es verheißen hatte.[30]

Auch die Tatsache, dass die Welt jetzt voller fleischfressender Tiere ist, und ein Tier vom Fleisch eines anderen lebt, war am Anfang nicht so. Denn vor dem Sündenfall war das grüne Kraut[31] die einzige

---

[29] 1.M.3,16

[30] 1.M.2,16-17; 1.M.3,18-19; Das bedeutet, dass sich scheinbar auch der menschliche Körper verändert hat.

[31] Ist eine Bezeichnung für Gräser und Kräuter.

Nahrung der Tiere, so wie es auch heute noch bei vielen Tierarten ist.[32]

Die Schöpfung über die der Mensch herrscht hat nicht gesündigt, auch die Tiere nicht. Deshalb werden sie auch nicht zur Verantwortung gezogen. Beim großen Gericht am Ende der Zeit, lesen wir in der Bibel nichts von Tieren, die vor Gott stehen um gerichtet zu werden. Das betrifft nur uns Menschen und andeutungsweise auch einige Engel.[33]

8. Die biblische Sichtweise in Bezug auf die Tiere

Tiere kommen in der Bibel häufig vor und es gibt zu unserem Thema einige sehr wesentliche Aussagen. Ich möchte nun ein paar davon aufzeigen. Wie bereits erwähnt, sind die Tiere genauso wie wir Menschen, Geschöpfe Gottes. Sie sind kein Beiwerk der Schöpfung, sondern ganz bewusst erschaffene und von Gott gewollte Lebewesen.

Im Garten Eden gab es unter allen Geschöpfen ein harmonisches Miteinander. Geplant war, dass alle Lebewesen friedlich zusammenleben. Sogar die

---

[32] 1.M.1,30. Da Gott am Ende der Schöpfung diese mit sehr gut bewertet hat (das beinhaltet natürlich auch die Erschaffung der im Wasser lebenden Geschöpfe), kann angenommen werden, dass ursprünglich auch die Wassertiere Vegetarier waren. Aus dem Text lässt sich dies jedoch nicht direkt ersehen.

[33] 2.Petrus 2,4

Ernährungsweise war für Mensch und Tier darauf abgestimmt, sie war rein pflanzlich.[34]

Nach dem Sündenfall finden wir jedoch eine ganz andere Situation. Wir können davon ausgehen, dass die ersten Tiere sterben mussten als Gott Adam und Eva mit Tierfellen bekleidete[35]. Nach der Sintflut[36] heißt es dann sogar:

> *„Furcht und Schrecken vor euch sei über allen Tieren auf Erden und über allen Vögeln unter dem Himmel, über allem, was auf dem Erdboden wimmelt, und über allen Fischen im Meer; in eure Hände seien sie gegeben. Alles, was sich regt und lebt, das sei eure Speise; wie das grüne Kraut habe ich euch alles gegeben."* 1.M.9,2

Was war geschehen?

---

[34] Im Garten Eden und bis zur Sintflut war die Frucht der Bäume und das Kraut (Getreide, Mais usw.) die von Gott gegebene Nahrung für die Menschen. Wir würden heute sagen, eine vegetarische Ernährungsweise.

[35] 1.M.3,21

[36] Das Wort Sintflut ging aus mittelhochdeutsch *sin(t)vluot*, althochdeutsch *sin(t)fluot* hervor, das so viel wie „andauernde, umfassende Überschwemmung" bedeutet. Es ist nicht von dem Wort „Sünde" abgeleitet. Die Vorsilbe *sin* bedeutet „immerwährend, andauernd, umfassend". Das Wort ist seit dem 9. Jahrhundert belegt. Im 13. Jahrhundert wurde das Wort volksetymologisch umgedeutet zu „Sündflut" (https://de.wiktionary.org/wiki/Sintflut, aufgerufen am 26.1.2024).

Die Beziehung zwischen Mensch und Tier, die anfangs harmonisch war, zeigt sich nun als komplett zerstört. Die ganze Tierwelt soll fortan die Menschen fürchten. Auch diese Formulierung: *„Furcht und Schrecken sei vor euch"*, deutet an, dass dies offenbar vorher nicht der Fall war. Ja, mehr noch, es geht jetzt um Leben und Tod: *„Alles was sich regt und lebt sei eure Speise."* Mit zunehmender Gottlosigkeit der Menschen nach dem Sündenfall wurde alles tierische Leben zum Verzehr freigegeben. Ein größerer Beziehungsbruch ist nicht mehr vorstellbar!

Zur Zeit des Alten Testaments[37] wurden in der Folge in Israel und besonders im Tempel in Jerusalem unzählige Tiere geschlachtet, um als Opfergabe für Gott zu dienen. Die Bibel berichtet uns sehr ausführlich davon.[38] Diese Vorgangsweise hielt die Israeliten ab, Menschenleben für ihren Glauben zu opfern, denn das war zu der Zeit unter den Heiden als Götzendienst sehr verbreitet. Durch jedes Opfertier, das in Israel geschlachtet wurde, sollte der Opfernde ganz bewusst und persönlich erkennen, dass ein Tier für seine Sünden starb.[39]

---

[37] Das Alte Testament wurde im Wesentlichen im ersten Jahrtausend vor Chr. bis zur Zeit Jesu verfasst.

[38] Im gesamten 3. Buch Mose wird davon gesprochen.

[39] Die Opfertiere weisen in der Bibel auf den Opfertod Jesu hin, der sein Blut für uns vergossen hat, damit wir durch den Glauben an ihn sauber und rein vor Gott stehen dürfen. Damit ist kein Tieropfer mehr nötig (Hebräer 10,4-18).

Aber es gibt auch noch eine andere Betrachtungsweise, die wir nicht übersehen dürfen und das ist der Blick auf Gottes Erbarmen. Gott erbarmt sich nicht nur der Menschen, sondern auch der Tiere. Als Noah die Arche baute, beschreibt die Bibel das so:

> *„Und du sollst in die Arche bringen von allen Tieren je ein Paar, Männchen und Weibchen, dass sie leben bleiben mit dir.*
> *Von den Vögeln nach ihrer Art, von dem Vieh nach seiner Art und von allem Gewürm auf Erden nach seiner Art: von den allen soll je ein Paar zu dir hineingehen, dass sie am Leben bleiben.*
> *Und du sollst dir von jeder Speise nehmen, die gegessen wird, und sollst sie bei dir sammeln, dass sie dir und ihnen zur Nahrung diene."*
> *1.M.6,19-21*

Ja mehr noch, Gott macht nach der Sintflut einen Bund[40] nicht nur mit den Menschen, sondern auch mit den Tieren![41] Da heißt es:

> *„Ich schließe einen **Bund mit euch** und mit euren Nachkommen **und auch mit allen Tieren**, die bei euch in der Arche waren und künftig mit euch auf*

---

[40] Eine Art Vertrag, hier im weiteren Sinn eine Zusage.
[41] Siehe ebenfalls Hosea 2,20. Gott macht einen Bund nur mit den Tieren.

*der Erde leben, **den Vögeln, den Landtieren** und **allen kriechenden Tieren.** Ich gebe euch die feste Zusage: Ich will das Leben nicht ein zweites Mal vernichten. Die Flut soll nicht noch einmal über die Erde hereinbrechen.*

Das ist der Bund, *den ich für alle Zeiten mit euch und **mit allen lebenden Wesen** bei euch schließe.*

Als Zeichen *dafür setze ich meinen **Bogen in die Wolken.** Er ist der sichtbare Garant für die Zusage, die ich der Erde mache. Jedes Mal, wenn ich Regenwolken über der Erde zusammenziehe, soll der Bogen in den Wolken erscheinen, und dann will ich an das Versprechen denken, das ich euch und allen lebenden Wesen gegeben habe: **Nie wieder** soll das **Wasser zu einer Flut** werden, die **alles Leben vernichtet.***

Der Bogen *wird **in den Wolken** stehen, und wenn ich ihn sehe, wird er mich an den **ewigen Bund erinnern,** den ich **mit allen lebenden Wesen** auf der Erde geschlossen habe. Dieser **Bogen«,** sagte Gott zu Noah, »ist das **Zeichen** für den **Bund,** den ich jetzt **mit allen lebenden Wesen** auf der Erde schließe."*

1.M.9,9-17 (HFA)

Der Regenbogen ist ein Zeichen des Bundes, den Gott mit den Menschen und den Tieren geschlossen hat. Nie mehr soll es eine Flut geben, die alle Lebewesen, die auf dem Erdboden leben, vernichtet.

Leider ist die Bedeutung dieses wunderbaren Zeichens den meisten Menschen heute verloren gegangen.

Und weil wir schon beim Erbarmen Gottes sind, hier noch ein weiteres Ereignis aus der Bibel.
Gott hat die Stadt Ninive vor dem angekündigten Untergang bewahrt, nachdem die Menschen der Stadt wieder zu Gott umgekehrt waren.
Es heißt, Jona saß unter einem schattenspendenden Strauch abwartend, was mit der Stadt geschehen würde. Jedoch der Strauch verdorrte und Jona war verärgert und traurig.

> *„Und der HERR sprach zu Jona: Dich jammert die Staude, um die du dich nicht gemüht hast, hast sie auch nicht aufgezogen, die in einer Nacht ward und in einer Nacht verdarb, und mich sollte nicht jammern Ninive, eine so große Stadt, in der mehr als 120.000 Menschen sind, die nicht wissen, was rechts oder links ist, **dazu auch viele Tiere?“***
> *Jona 4,10-11*

Das zeigt, dass Gott mehr im Blick hat als nur die Rettung der Menschen. Auch die Tiere werden am Ende dieser Aussage genannt. Sie sind Gott genauso wichtig wie die vielen Menschen, die in der Stadt leben.

Und weiter lesen wir in der Bibel:

„Sechs Tage sollst du deine Arbeit verrichten, aber am siebenten Tag sollst du ruhen."
5.M.5,13 (HFA)

Das gilt nicht nur für uns Menschen, nein, auch die Tiere (Nutztiere) dürfen von ihrer Arbeit ausruhen.

„...an diesem Tag sollst du nicht arbeiten, weder du noch deine Kinder, weder dein Knecht noch deine Magd, weder dein Rind noch dein Esel noch ein anderes deiner Tiere..." 5.M.5,14 (HFA)

Das bedeutet, Tiere sind keine Sache oder eine Maschine, über die wir Menschen nach Belieben verfügen können. Sie haben genauso ein Recht auf Ruhe und Erholung wie wir es haben.

Die Bibel zeigt uns ebenso, dass Gott nicht nur die Tiere geschaffen hat, sondern, dass er auch für sie sorgt.

„Er gibt den Tieren Futter..." Psalm 147,9

„Wer bereitet den Raben die Speise, wenn ihre Jungen zu Gott rufen und wild umherfliegen, weil sie nichts zu essen haben?" Hiob 38,41

Übrigens, das Buch Hiob enthält eine lange und ein-drucksvolle Rede, in der sich Gott als Herr aller Tiere bezeichnet und sich um alle Lebewesen kümmert. Beispielhaft erwähnt werden dort: Löwe, Rabe, Steinbock, Hirsch, Esel, Wildstier, Strauß, Pferd, Heuschrecke, Falke und Adler.[42]

Von Jesus lesen wir, dass er gesagt hat:

„Seht die Vögel unter dem Himmel an: sie säen nicht, sie ernten nicht, sie sammeln nicht in die Scheunen; und euer himmlischer Vater ernähret sie..." Matthäus 6,26

Noch einige Auszüge aus der Bibel in Bezug auf die Tiere:

„Niemand darf einen anderen Menschen ermorden! Wer dies tut – ob Mensch oder Tier –, muss mit dem Tod dafür büßen. Ich selbst werde ihn zur Rechenschaft ziehen."[43] 1.M.9,5 (HFA)

---

[42] Hiob 38,39 bis 39,30.

[43] Diese Formulierung: „Ich selbst werde jedes Wesen zur Verantwortung ziehen..." ist in ihrer Bedeutung unter Theologen unklar. Könnte es sein, dass dies ein Hinweis auf Gottes Urteilssprechen auch über die Tiere in der Ewigkeit, also im Himmel, ist? Die Bibel schweigt darüber.

Hier an diesem Punkt werden Tiere und Menschen von Gott sogar in die gleiche Verantwortung gestellt.

„Der Gerechte erbarmt sich seines Tieres, aber das Herz der Gottlosen ist unbarmherzig."[44]
Sprüche 12,10

„Spannt nicht Ochs und Esel zusammen vor den Pflug!" 5.M.22,10 (HFA)

Es kam vor, dass ein Bauer nur einen Ochsen und einen Esel hatte und beide gemeinsam vor seinen Pflug spannte. Es gibt jedoch zu viele Unterschiede zwischen einem Ochsen und einem Esel. Die ungleiche Belastung beim Pflügen ist für diese Tiere Quälerei.

„Wenn du ein Rind oder einen Esel deines Feindes umherirren siehst, dann bring das Tier auf jeden Fall zurück!
Wenn der Esel eines Menschen, der dich hasst, unter einer Last zusammengebrochen ist, dann geh nicht einfach vorüber! Hilf deinem Feind, das Tier wieder auf die Beine zu bringen." 2.M.23,4-5 (HFA)

---

[44] Wörtlich: „Der Gerechte kennt die Seele *„nefesch"* seines Tieres, aber das Herz der Gottlosen ist grausam."

Diese Verse zeigen auch, dass Tiere gewisse Rechte haben. Ihr Schutz ist durchaus eine von Gott gegebene Verpflichtung. Menschen sollen für Tiere, sogar für die Tiere ihrer Feinde sorgen.

Übrigens, wenn wir schon mal bei einem Esel sind, die Bibel weiß von einer ganz besonderen Begebenheit mit einem Esel zu berichten. Genauer gesagt mit einer Eselin.

Bileam, ein Prophet im Alten Testament, hat folgendes erlebt:

„Am Morgen stand Bileam auf, sattelte seine Eselin und zog mit den moabitischen Fürsten los. Zwei Diener begleiteten ihn. Gott aber war zornig, dass Bileam mitging, und der Engel des HERRN stellte sich ihm in den Weg, um ihn aufzuhalten. Die Eselin sah den Engel, der mit dem Schwert in der Hand mitten auf der Straße stand. Sie brach zur Seite aus und lief ins Feld. Bileam schlug sie, um sie wieder auf den Weg zurückzubringen. Nun stellte sich der Engel des HERRN auf einen engen Weg, der zwischen Weinbergen hindurchführte. Die Straße war hier von Mauern eingefasst.
Wieder sah die Eselin den Engel und drängte sich ganz an die Seite, so dass Bileams Bein an die Mauer gedrückt wurde. Wieder schlug er sie. Der Engel des HERRN ging nochmals ein Stück

weiter und versperrte Bileam nun an einer anderen Stelle den Weg, die so eng war, dass man weder rechts noch links vorbeikommen konnte.

Als die Eselin den Engel sah, legte sie sich auf den Boden. Bileam wurde wütend und schlug sie mit seinem Stock.

Da ließ der HERR das Tier sprechen. Es sagte zu Bileam: »Was habe ich dir getan? Warum hast du mich jetzt schon zum dritten Mal geschlagen?« Bileam schrie: »Weil du mich zum Narren hältst! Hätte ich nur ein Schwert zur Hand, ich würde dich töten!«

Das Tier erwiderte: »Bin ich nicht deine Eselin, auf der du schon immer geritten bist? Habe ich jemals so etwas getan wie heute?« Bileam sagte: »Nein.«

Da öffnete der HERR ihm die Augen, und er sah den Engel mit dem Schwert in der Hand auf dem Weg stehen. Bileam verneigte sich vor ihm bis zum Boden.

Der Engel des HERRN sprach: »Warum hast du deine Eselin dreimal geschlagen? Ich war es, der sich dir entgegengestellt hat, weil du auf einem verkehrten Weg bist. Deine Eselin hat mich gesehen und ist mir dreimal ausgewichen. Hätte sie es nicht getan, dann hätte ich dich mit dem Schwert getötet und sie am Leben gelassen.«

Da sagte Bileam zum Engel des HERRN: »Ich habe Schuld auf mich geladen. Ich wusste nicht, *dass du mir den Weg versperrt hast.«"* 4.M.22,21-35 (HFA)

Ja, die Eselin hat mit Bileam geredet. Sie hat geredet nachdem ihr Gott wörtlich: *„das Maul, den Mund"* geöffnet hat. Warum soll es Gott dem Schöpfer nicht möglich sein, der Eselin den Mund zu öffnen und sie sprechen zu lassen? Man muss diesem Bibelabschnitt schon massive Gewalt antun, um ihn anders zu verstehen.[45] Und am Ende hat das Tier Bileam damit das Leben gerettet.

Weiters berichtet uns die Bibel von einem Mann mit Namen Johannes, der eine Vision hatte. Er konnte in den Himmel schauen und hat Zukünftiges und Wunderbares gesehen und gehört.

---

[45] Es wird kein einziges Mal in der Bibel darauf hingewiesen, dass nicht die Eselin, sondern ein anderes Wesen z.B. ein Engel, durch das Tier mit Bileam gesprochen hätte. Im Gegenteil, Petrus bestätigt sogar diese Aussage: „Das stumme Lasttier redete mit Menschenstimme…" (2.Petrus 2,16). Es steht hier auch nicht, dass Gott der Eselin zu diesem Zweck extra Verstand und Sprache gab. Nein, er öffnete „ihren Mund" und sie sprach!
Im Gegensatz dazu erklärt die Bibel ganz eindeutig, dass im Garten Eden ein anderes Wesen, nämlich Satan, der Gegenspieler Gottes, durch die Schlange zu Eva geredet hat. Die Schlange wird symbolisch, auch im Neuem Testament gleichgesetzt mit Satan (Offenbarung 12,9; 20,2).

Hier ein Auszug aus seinem Bericht:

„Und jedes Geschöpf, das im Himmel ist und auf Erden und unter der Erde und auf dem Meer und alles, was darin ist, hörte ich sagen: Dem, der auf dem Thron sitzt, und dem Lamm sei Lob und Ehre und Preis und Gewalt von Ewigkeit zu Ewigkeit!"
Offenbarung 5,13

Mit diesem Wortlaut: *„Und jedes Geschöpf..."* sind selbstverständlich auch die Tiere mit einbezogen. Dies ist aus dem Zusammenhang eindeutig ersichtlich.[46] Menschen, Engel und Tiere sind um den Thron Gottes versammelt um Gott und das Lamm (gemeint ist hier Jesus) anzubeten und für die Erlösung der Schöpfung zu danken. Also auch Tiere können in der Bibel formulieren und kommunizieren (*„hörte ich sagen..."*) aber wir verstehen sie nicht. Ihnen muss das Maul, der Mund für unsere Wahrnehmung geöffnet und es muss ihnen *„eine Menschenstimme"* gegeben werden, damit wir sie verstehen können.

---

[46] Es ist dies eine Formulierung wie sie auch im Schöpfungsbericht und an anderen Stellen in der Bibel für die gesamte Schöpfung verwendet wird. Gemeint sind ausdrücklich immer alle Lebewesen. Die Menschen, die Vögel am Himmel, die Landtiere auf der Erde, die kleinen Tiere unter der Erde und die Meerestiere auf und unter dem Wasser z.B. 2.M.20,11; Nehemia 9,6; Psalm 69,35; Offenbarung 10,6; Psalm 150,6.

Die Tatsache, dass wir Menschen die Sprache der Tiere nicht verstehen, bedeutet nicht, dass sie nicht miteinander kommunizieren.

Die wissenschaftliche Forschung hat in den letzten Jahrzehnten auf diesem Gebiet große Fortschritte gemacht und erstaunliche Fakten ans Licht gebracht. So schreibt z.B. der deutsche Meeresbiologe und Verhaltensforscher Karsten Brensing:

„Bei einigen Tierarten handelt es sich zweifelsfrei um mitfühlende, selbstbewusste Individuen mit einer Vorstellung von Raum und Zeit und der Fähigkeit zu strategischem Denken und Handeln. Sie leben in ihrer eigenen Kultur, haben ein gutes Gedächtnis und vermutlich die Fähigkeit, im Rahmen einer einfachen Grammatik miteinander zu kommunizieren. Sie nutzen Werkzeuge und scheinen so etwas wie einen guten Geschmack oder ein Bewusstsein für Mode zu haben. Darüber hinaus können sie sich empathisch verhalten, und es wurden einfache Formen von Gerechtigkeitssinn und Fairness entdeckt."[47]

---

[47] Zitat von Karsten Brensing, Persönlichkeitsrechte für Tiere. Die nächste Stufe der moralischen Evolution, Herder, Freiburg i. Breisgau 2013, Seite 191, ISBN 978-3-451-34692-7. Im Internet Homepage: https://karsten-brensing.de/persoenlichkeitsrechte-fuer-tiere/ (aufgerufen am 20.12.2023).

Diese Feststellung von Karsten Brensing bestätigt sich auch dadurch, dass viele Tiere ihrem Besitzer mehr Zuneigung und Treue zeigen als so mancher Mensch in einer Partnerschaft.

Auch die aktuellsten Forschungsergebnisse zeigen etwas ganz Erstaunliches: Elefanten rufen sich beim Namen, und die angesprochenen reagieren darauf! Ein Team um Michael Pardo von der Colorado State University hat dieses Verhalten nun erstmals bei Elefanten belegt: „Die Ergebnisse zeigen, dass Tiere klug genug für individuelle Kommunikation sein können."[48]

---

[48] „Afrikanische Elefanten sind für die engen sozialen Bindungen innerhalb ihrer Gruppen bekannt. Jetzt haben Zoologen in Kenia herausgefunden, dass sich die Elefanten offenbar gegenseitig mit namensähnlichen Rufen ansprechen. Die Elefanten nutzen dabei einen Ausruf mit individuellem Klang – ähnlich wie die von Menschen verwendeten Personennamen. Es ist das erste Mal, dass dieses Verhalten bei Tieren beobachtet wurde…
„Die Verwendung willkürlicher stimmlicher Bezeichnungen weist darauf hin, dass Elefanten möglicherweise zu abstraktem Denken fähig sind", sagt Seniorautor George Wittemyer von der Colorado State University.
…Das Team um Pardo beobachtete beispielsweise, dass die Elefanten ihre Personennamen häufiger verwenden, wenn sie sich über größere Distanzen rufen und wenn sie mit ihren Kindern sprechen…"
Quelle: https://www.wissenschaft.de - Claudia Krapp.
Auszug aus: https://www.wissenschaft.de/erde-umwelt/auch-elefanten-rufen-sich-beim-namen/ und Michael Pardo (Colorado State University) https://www.nature.com/articles/s41559-024-02420-w (aufgerufen am 11.6.2024).

Jetzt taucht sicher die Frage auf: Konnten die Tiere im Garten Eden, also vor dem Sündenfall, reden? Konnten sie mit uns Menschen kommunizieren und wir mit ihnen? Hatten sie eine gewisse Sprachfähigkeit, die auch wir verstehen konnten?

Als Eva von der Schlange ganz klar und konkret angesprochen wurde, zeigte sie weder Überraschung noch Verdacht, dass etwas nicht in Ordnung sein könnte. Zumindest wird uns nichts davon berichtet, es scheint ganz normal gewesen zu sein.

Auch als Adam den Tieren Namen gab und damit seinen Herrschaftsanspruch bekräftigte und somit auch eine gewisse Beziehung[49] und Vertrautheit ausdrückte, lässt so manche Theologen spekulieren. Ich denke aber, dass es bei einer Spekulation bleiben sollte. Die Bibel gibt uns keine klare und eindeutige Antwort auf die Frage, ob Tiere im Garten Eden mit uns reden konnten und wir mit ihnen.

Weiters sagt die Bibel, dass auch die wilden Tiere, wenn sie in Not sind zu Gott schreien.
Zur Zeit des Propheten Joel gab es eine große Hungersnot. Alles war verdorrt und ausgetrocknet.

---

[49] „Beim Namen gerufen werden" oder „beim Namen rufen", diese Formulierung weist in der Bibel auf eine persönliche Beziehung hin und hat eine tiefe Bedeutung. Z.B.: „Ich habe dich bei deinem Namen gerufen, du bist mein." Jesaja 43,1. Im erweiterten Sinn ist die Namensgebung hilfreich, um die einzelnen Tierarten zu erkennen, damit der Mensch sie richtig pflegen kann.

Joel schreibt:

> *„Es schreien auch die wilden Tiere zu dir; denn die Wasserbäche sind ausgetrocknet, und das Feuer hat die Auen in der Steppe verbrannt."* Joel 1,20

Und weiter heißt es dann:

> *„Fürchtet euch nicht, ihr Tiere auf dem Felde; denn die Auen in der Steppe sollen grünen und die Bäume ihre Früchte bringen, und die Feigenbäume und Weinstöcke sollen reichlich tragen."* Joel 2,22

Das ist eine sehr interessante Formulierung. Menschen und Tiere leiden beide gleich unter der furchtbaren Trockenheit, die es zur Zeit des Propheten Joel in Israel gegeben hat, und sie haben Angst, weil sie nicht wissen, wie es weitergehen soll und was die Zukunft bringen wird. Auf eine ganz spezielle Art und Weise, die wir nicht verstehen können, tröstet Gott die Tiere.

Durch den Propheten Jesaja spricht Gott mit folgenden Worten:

> *„Preisen wird mich das Wild des Feldes, Schakale und Strauße, dass ich Wasser der Wüste gab."* Jesaja 43,20

Die Bibel vermittelt uns den Anschein als könnten die Tiere sprechen und Gott die Sprache und die Ausdrucksweise der Tiere verstehen.

Eine besonders nennenswerte Stelle finden wir auch im Markusevangelium.

„Jesus war vierzig Tage in der Wüste und wurde versucht von Satan und war mit den wilden Tieren, und die Engel dienten ihm." Markus 1,13

Jetzt kann man denken: In der Wüste gibt es auch unliebsame, wilde Tiere, das ist doch logisch! Aber so ist das hier nicht zu verstehen. Markus schrieb: Jesus hat mit (griechisch: *„meta")* den wilden Tieren zusammengelebt. Das deutet auf eine friedliche und harmonische Gemeinschaft hin. Die Engel haben ihm gedient. Diese Formulierung spielt eventuell auf den Garten Eden an, als die ersten Menschen noch in Harmonie mit der Tierwelt und mit der ganzen Schöpfung lebten.

In der Zukunft soll es, laut Bibel, wieder so ein friedliches und harmonisches Miteinander von Menschen und Tieren geben. Gott wird den ursprünglichen Schöpfungszustand wiederherstellen.

„Da werden die Wölfe bei den Lämmern wohnen und die Panther bei den Böcken lagern. Ein kleiner Knabe wird Kälber und junge Löwen und Mastvieh miteinander treiben. Kühe und Bären werden

zusammen weiden, dass ihre Jungen beieinander liegen, und Löwen werden Stroh fressen wie die Rinder. Und ein Säugling wird spielen am Loch der Otter, und ein entwöhntes Kind wird seine Hand stecken in die Höhle der Natter." [50]
Jesaja 11,6-8

Diese neue Welt wird eine grundlegend andere, eine unvorstellbar herrliche Welt sein.

„Denn siehe, ich will einen neuen Himmel und eine neue Erde schaffen, dass man der vorigen nicht mehr gedenken und sie nicht mehr zu Herzen nehmen wird." Jesaja 65,17

Wir können also sagen, was Gott am Anfang geschaffen hat, findet seine Vollendung im neuen Himmel und auf der neuen Erde.
Soweit mal ein kleiner Ausblick in die Zukunft, so wie sie in der Bibel dargestellt wird.

---

[50] In der Theologie wird in diesem Zusammenhang meist auf die 1000 Jahre aus Offenbarung 20 hingewiesen, in denen Jesus als König regieren wird. In der Folge, so sagt uns die Bibel, gestaltet Gott in einem neuen Schöpfungsakt Himmel und Erde neu, sodass man der vorigen nicht mehr gedenken und ihnen auch nicht nachweinen wird.

9. Hinweise auf ein Leben nach dem Tod für alle Lebewesen

Wie bereits erwähnt, wird dieses Thema in der Bibel nicht ausführlich behandelt und trotzdem gibt es einige interessante Aussagen. Die wohl bekannteste stammt vom Apostel Paulus. In seinem Brief an die Römer schrieb er:

> *„Ich bin ganz sicher, dass alles, was wir in dieser Welt erleiden, nichts ist verglichen mit der Herrlichkeit, die Gott uns einmal schenken wird.*
> *Darum **wartet** die **ganze Schöpfung sehnsüchtig** und **voller Hoffnung** auf den Tag, an dem Gott seine Kinder[51] in diese Herrlichkeit aufnimmt. Ohne eigenes Verschulden, sind **alle Geschöpfe** der **Vergänglichkeit ausgeliefert**, weil Gott es so bestimmt hat.[52]*

---

[51] Die Bibel bezeichnet alle Menschen, die an Jesus Christus glauben, das heißt ihm vertrauen, als Kinder Gottes. Von Natur aus sind wir alle Geschöpfe Gottes und durch den Glauben werden wir zu seinen Kindern (1.Johannes 3,1-2). Ihnen ist der Himmel, also die Unvergänglichkeit, ohne Schmerzen, ohne Tränen und ohne Tod versprochen.

[52] Wie bereits oben gezeigt, bezieht sich dieser Text auf die Auswirkungen des Sündenfalls. Der Mensch hat den Bereich der Schöpfung, für den er im Auftrag Gottes verantwortlich war, durch seinen willentlichen Ungehorsam, in die Gottesferne mitgerissen (1.M.3,1-19, siehe besonders Vers 17 um „deinetwegen" oder „deinetwillen").

*Aber er hat **ihnen die Hoffnung gegeben**, dass sie zusammen mit den Kindern Gottes einmal **von Tod** und **Vergänglichkeit erlöst** und zu einem **neuen, herrlichen Leben befreit** werden.*

*Wir wissen ja, dass **die gesamte Schöpfung jetzt** noch **leidet** und **stöhnt** wie eine Frau in den **Geburtswehen**.*

*Aber auch wir selbst, denen Gott bereits jetzt seinen Geist als Anfang des neuen Lebens gegeben hat, seufzen in unserem Innern. Denn **wir warten voller Sehnsucht** darauf, **dass Gott** uns als seine Kinder zu sich nimmt und auch **unseren Körper von aller Vergänglichkeit befreit**.*"

Römer 8,18-23 (HFA)

Diese Verse enthalten die erfreuliche Nachricht, dass Gott einmal die gesamte Schöpfung von den Mächten des Bösen und der Vergänglichkeit befreien wird. Sie freut sich schon auf diesen Tag der Erlösung, an dem Gott seinen Kindern die unvergängliche, ewige Herrlichkeit schenken wird. Und in der Formulierung: *„...die gesamte Schöpfung..."* sind logischerweise auch die Tiere mit dabei. Ja, ich denke sogar, dass sie hier ganz besonders gemeint sind.

Allerdings gibt es auch Einwände, dass hier nicht das einzelne Individuum, das einzelne Geschöpf gemeint sein könnte sondern, dass Gott einfach die tierische Spezies neu erschaffen wird. Folgende

Aussage Jesu steht jedoch im klaren Widerspruch zu dieser Sichtweise.

*„Verkauft man nicht fünf **Spatzen** für zwei Groschen?*[53] *Dennoch ist **vor Gott keiner** von ihnen **vergessen**." Lukas 12,6*

Was bedeutet es wohl, wenn Jesus sagte, dass kein einziger Spatz von Gott vergessen ist?
Hier geht es um jedes einzelne Geschöpf, Gott vergisst keines von ihnen!

Gott hat in alle Lebewesen die Hoffnung gelegt, dass sie von der Vergänglichkeit befreit werden. Und warum sollte er das, was er in ihnen angelegt hat nicht umsetzen und es zulassen, dass sich die Tiere sprichwörtlich in Luft auflösen?
Die Zielsetzung für die Schöpfung ist nicht der Tod, sondern das Leben. Wir können gewiss sein: „Gott lässt die schuldlose Natur nicht vergeblich schreien."[54]
Die Vollendung der Welt besteht also nicht nur in der Auferstehung der Menschen, sondern in der Auferstehung der gesamten Schöpfung!

---

[53] Spatzen zählten zu den kleinsten Opfertieren. Sie wurden ganz armen und kranken Personen im Bereich des Jerusalemer Tempels zum Kauf angeboten. Man konnte sie fast gratis erwerben.
[54] P. Althaus, Der Brief an die Römer, Vandenhoeck & Ruprecht, Göttingen 1959, S. 83.

Weiter sagte Jesus zu seinen Jüngern:

„Aber auch die Haare auf eurem Haupt sind alle gezählt. Darum fürchtet euch nicht; ihr seid mehr wert als viele Spatzen." Lukas 12,7

Das Leid in dieser gefallenen Schöpfung ist enorm und unermesslich. Der Apostel Paulus vergleicht es mit einer Frau, die unter Schmerzen auf die Geburt ihres Kindes wartet. Doch die Hoffnung ihr Kind bald in den Armen halten zu können, lässt sie all die Wehen überstehen.[55]

Im Psalm 104 staunt der Schreiber über Gott und seine wunderbare Schöpfung und auch hier werden die Tiere ganz besonders erwähnt. Es ist dort die Rede von Menschen und von allen Tieren (Feldtiere, Tiere auf den Bergen, Vögel, aber auch von allen Geschöpfen, die im Meer schwimmen, große und kleine Lebewesen). Und von ihnen heißt es:

„Es warten alle auf dich, dass du ihnen Speise gibst zur rechten Zeit. Wenn du ihnen gibst, so sammeln sie; wenn du deine Hand auftust, so werden sie mit Gutem gesättigt.
Verbirgst du dein Angesicht, so erschrecken sie; nimmst du weg ihren Odem, so vergehen sie und werden wieder zu Staub. Du sendest deinen Odem

---

[55] Römer 8,22 *(HFA)*

aus, so werden sie geschaffen und du machst neu die Gestalt der Erde." [56] *Psalm 104,27-30*

Diese Verse sind nicht sehr klar und eindeutig, aber man könnte beim Vergleichen der letzten beiden Sätze auch hier eine Andeutung über eine endzeitliche Auferstehung aller Geschöpfe Gottes, des Menschen, als auch der Tiere, erkennen. Zuerst werden sie zu Staub und dann werden sie wieder geschaffen...

Weiters heißt es in der Bibel von Gott:

„Alle Tiere gehören mir: das Wild in Wald und Feld, die Tiere auf den Bergen und Hügeln.
Ich kenne jeden Vogel unter dem Himmel und auch die vielen kleinen Tiere auf den Wiesen...
Die ganze Welt gehört mir und alles, was es dort gibt." Psalm 50,10-11 (HFA)

Die Bibel macht eindeutig klar, alles gehört Gott und nur ihm allein. Und deshalb kann er auch damit machen was er will. Auch die Auferweckung von Tieren ist ihm kein Problem, er hat sie ja erschaffen, genauso wie er uns Menschen erschaffen

---

[56] Auch hier finden wir den Begriff Odem „rûaḥ" für Mensch und Tier. Beide haben Gottes lebensspendenden Odem und Gott sorgt für beide. Er sorgt durch seine Ordnungen für Mensch und Tier, auch das ist in diesem Psalm deutlich ersichtlich.

hat. Wir dürfen und können dem Allmächtigen keine Grenzen setzen![57]

10. Was müssen Tiere tun, um in den Himmel zu kommen?

Nichts, nur warten!

Sie haben ja auch nicht gesündigt und nicht Gottes Gebot übertreten. So haben sie eine Erlösung, eine Wiedergutmachung nicht nötig.

Die Bibel sagt, dass der Mensch in Adam allein schuldig ist. Er hat wie oben bereits mehrmals erwähnt, durch seinen Ungehorsam gegenüber Gott, die ganze Schöpfung in die Vergänglichkeit, in den Tod, mitgerissen.

> „Denn **ohne eigenes Verschulden** sind alle Geschöpfe der **Vergänglichkeit ausgeliefert** ... aber er hat ihnen die **Hoffnung gegeben**..., dass sie, von Tod und **Vergänglichkeit erlöst**, zu einem neuen, **herrlichen Leben befreit** werden."
> Römer 8,20-21 (HFA)

Viele Jahrhunderte hat man gedacht, dass die Tierwelt kein Anrecht auf den Himmel hat. Diese Denkweise stammt von Augustinus, einem sehr bedeutenden Theologen der abendländischen Kultur. Er

---

[57] Siehe 5.M.32,39

hat gesagt, dass nur Lebewesen in den Himmel kommen, die Vernunft haben und denken können. Das hat er aber nicht aus der Bibel entnommen, sondern von Sokrates, Platon, Plotin und anderen namhaften Philosophen seiner Zeit übernommen. Diese Auffassung hat sich fast zweitausend Jahre lang im theologischen Denken verankert, auch wenn die Bibel etwas anderes sagt. Seit einigen Jahrzehnten ist hier jedoch ein Hinterfragen dieser alten Sichtweise und ein Umdenken erkennbar.[58]

11. Einige Fragen

a. Die Platzfrage

Eine Frage, die ich immer wieder höre:

Wenn das wirklich wahr ist und es auch all die Tiere in der Ewigkeit, im Himmel gibt, wo sind sie dann? Müssen wir dort in einem riesigen Haufen von Maden, Mücken, Ameisen, Spinnen, Heuschrecken, Schlangen und Ratten herumlaufen?

Eine ekelige Vorstellung!

Oder denken wir an die großen Tiere. An die Elefanten, Kamele, Löwen, Pferde, Hunde, Katzen, Vögel, usw. Alles milliardenfach vorhanden? Wohin mit dem ganzen Getier?

---

[58] M. Rosenberger: Tierethik, Version 08.06.2022, 09:10 Uhr, in: Staatslexikon online, URL: https://www.staatslexikon-online.de/Lexikon/Tierethik (aufgerufen am 12.7.2024).

Ich möchte jetzt einen Vergleich wagen.

Wie groß (klein) ist die Erde im Verhältnis zum Universum?

In Bezug auf unsere Erde ist das Universum unvorstellbar groß, es übersteigt sogar bei weitem unser Denkvermögen. Landläufig sagt man: Die Erde ist wie ein Staubkorn im Universum. Mir scheint dies eine sehr treffende Formulierung zu sein.

Betrachten wir nur einmal unsere Galaxie, wir sagen auch Milchstraße dazu. In ihr befinden sich etwa 200 Milliarden Sterne. Diese Sterne sind Sonnen so wie unsere Sonne. Viele von ihnen sind aber wesentlich größer als unsere Sonne. Diese ist im Vergleich so klein, dass man sie kaum erkennen kann. Und es gibt etwa 1 Billion Galaxien im Universum!

Um die großen Entfernungen im Weltall nachvollziehen zu können, messen wir sie in Lichtjahren. In einem Lichtjahr legt das Licht ca. 9 Billionen Kilometer zurück, das ist eine Zahl mit 12 Nullen! Das Universum hat einen Durchmesser von etwa 90 Milliarden Lichtjahren. Das ergibt einen Durchmesser von etwa 810 Trilliarden Kilometer, also die Zahl 810 mit 21 Nullen.

Die Erde hat einen Durchmesser von 12.742 Kilometer. Das bedeutet, die Erde hat, wenn wir nur den

Durchmesser betrachten, etwa 60 Trillionen Mal Platz im Universum.

Daraus folgt, das Verhältnis der beiden Durchmesser, Erde zu Universum, ist ca. 1 zu 60 Trillionen.

Damit dies nun etwas anschaulicher wird, stellen wir uns vor, die Erde würde sich in unserem Körper befinden, also wir sind das Universum. Wie klein wäre dann die Erde?
Wenn wir den Menschen, der Einfachheit halber mit 1 Meter annehmen, dann wäre sie 60 Trillionen Mal kleiner als ein Meter. Das sind 60 billiardstel Millimeter.
Wäre sie damit kleiner oder größer als eine menschliche Zelle?

Die durchschnittliche Größe einer menschlichen Zelle wird mit 25μm (0,025mm) angegeben. Diese Größe ist für das menschliche Auge ohne Mikroskop nicht mehr sichtbar.[59]
In unserem Beispiel würde die Erde im menschlichen Körper hunderte Billionen Mal kleiner sein als eine durchschnittliche menschliche Zelle. Das ist eine grobe Schätzung und für uns schon nicht mehr vorstellbar!

---

[59] Nebenbei: Der Mensch hat ca. 80 Billionen Zellen, die alle ihren spezifischen Aufgabenbereich haben und ihren Dienst tun – erstaunlich!

Aber es wird noch besser.

Wäre die Erde, wenn sie sich in uns befinden würde, kleiner als ein Atom?

Ein Atom hat eine durchschnittliche Größe von einem billiardstel Meter. Wenn wir auf unser Verhältnis von 1:60 Trillionen sehen, dann bedeutet das, die Erde in uns würde nochmals milliardenfach kleiner sein als ein Atom!

Derzeit können wir mit dem besten Elektronenmikroskop bis auf Atomebene schauen. Das bedeutet, unsere Erde wäre auch mit der modernsten Technik im menschlichen Körper nicht erkennbar und auch nicht auffindbar. Hier sind wir noch im wahrsten Sinn des Wortes milliardenfach weit davon entfernt!

Nun sagt die Bibel in Blick auf das Universum:

> *„Gott tut große Dinge, die nicht zu erforschen und Wunder, die nicht zu zählen sind."*
> *Hiob 9,10*

Das ist unvorstellbar; unsere Erde eigentlich ein „Nichts" im Universum.

Und was befindet sich außerhalb des Universums? Wir wissen es nicht!

Das sind die Fakten, das ist die Tatsache!

Aber der Mensch ist noch um ein Vielfaches kleiner als die Erde. Auch das berichtet uns die Bibel:

„Wenn ich sehe die Himmel, deiner Finger Werk, den Mond und die Sterne, die du bereitet hast: was ist der Mensch, dass du seiner gedenkst, und des Menschen Kind, dass du dich seiner annimmst?" Psalm 8,4-5

Und wer weiß schon, ob es eine solche Materie, die wir in Dimensionen messen, im Himmel überhaupt noch geben wird?
Ich denke, die Platzfrage scheint damit beantwortet zu sein.

Nun zu weiteren Fragen.

b. Gibt es einen eigenen Himmel für die Tiere?
Wenn wir in die Bibel sehen, dann spricht sie von mehreren Himmeln. So schreibt Paulus in einem Brief an die Christengemeinde in Korinth über einen dritten Himmel *(2.Korinther 12,2)*.
Wenn von einem dritten Himmel berichtet wird, dann muss es auch einen ersten und einen zweiten Himmel geben.

Die Bibel bezeichnet:

- den ersten Himmel als die Erdatmosphäre,[60]
- den zweiten Himmel als den interplanetarischen und interstellaren Weltraum[61]
- und den dritten Himmel als den Wohnort Gottes.[62]

Auf die Frage, ob es einen eigenen Himmel für Tiere gibt, oder einen Abschnitt im Himmel, der extra für die Tiere bestimmt ist, gibt die Bibel keine Auskunft.

c. Werden wir unsere Haustiere im Himmel sehen und erkennen können?

Auch darauf gibt uns die Bibel keine Antwort. Es könnte aber trotzdem sein…

So heißt es:

> *„Was kein Auge gesehen hat und kein Ohr gehört hat und in keines Menschen Herz gekommen ist, das hat Gott denen bereitet, die ihn lieben.“*
> *1.Korinther 2,9*

---

[60] 1.M.8,2; 5.M.11,11; 1.Könige 8,35.
[61] 1.M.15,5; Psalm 8,4; Jesaja 13,10.
[62] 1.Könige 8,30; 2.Chronik 30,27; Psalm 123,1.

Es gibt jedoch klare und deutliche Hinweise, dass wir Menschen uns im Himmel gegenseitig erkennen werden.[63]

12. Wenn ein Haustier stirbt – Trauerbewältigung und Hilfestellung

In der Bibel wird uns eine Geschichte erzählt die zeigt, wie innig eine Mensch-Tierbeziehung sein kann:

> *„Ein reicher und ein armer Mann lebten in derselben Stadt. Der Reiche hatte sehr viele Schafe und Rinder, der Arme aber besaß nichts außer einem kleinen Lamm, das er erworben hatte. Er versorgte es liebevoll und zog es zusammen mit seinen Kindern groß. Es durfte sogar aus seinem Teller essen und aus seinem Becher trinken, und nachts schlief es in seinen Armen. Es war für ihn wie eine Tochter…"* 2.Samuel 12,2-3

Am Ende der Geschichte wird das Tier dann von dem reichen Mann getötet. Die Bibel verwendet

---

[63] Lukas 13,28; 16,23-24; 20,37-38. Matthäus 17,1-9. Die Bibel sagt, dass wir im Himmel einen Körper haben werden wie Jesus ihn nach seiner Auferstehung hatte (Philipper 3,20-21). Viele Menschen haben Jesus nach seiner Auferstehung gesehen und erkannt (Johannes 20,15-20; 21,12; 1.Korinther 15,3-8).

diese Geschichte als Metapher für das Fehlverhalten des damaligen Königs David. Aber Achtung, Tiere sind ganz besondere individuelle Lebewesen und kein Ersatz für fehlende menschliche Beziehungen.

Nachdem ich zu Beginn die Frage der Kinder: „Kommen Tiere in den Himmel?" aufgezeigt habe, werde ich jetzt bei der Trauerbewältigung vor allem auf die Situation der Kinder eingehen. Sicherlich ist manches davon auch für die Erwachsenen von Bedeutung.

Der Tod eines Haustieres trifft Kinder häufig besonders hart und kann ein tiefes und langanhaltendes Gefühl der Trauer auslösen. Manche haben eine starke emotionale Beziehung zu diesem Wesen aufgebaut und nun erleben sie das allererste Mal, was Tod bedeutet. Es macht für sie keinen wesentlichen Unterschied, ob ein Mensch oder ein Tier gestorben ist.

In dieser schwierigen Phase brauchen sie besondere Unterstützung. Da hilft auch kein Hinweis, es ist ja „nur" ein Tier. Das führt oft zu noch mehr Schmerz und zu dem Gefühl, in dieser Situation nicht verstanden zu werden. Dadurch können tiefsitzende Verletzungen entstehen, die in der Folge das ganze Leben prägen und sogar zu späteren tiefgreifenden, psychischen Problemen führen können.

Wenn das Tier gestorben ist, sollten Kinder den wahren Grund für den Tod des geliebten Lebewesens erfahren, denn sie spüren es, wenn die Eltern ihnen etwas vormachen oder verschweigen.

Eine gewisse Zeit der Trauer ist durchaus wichtig. Diese Trauerzeit ist zum Teil davon abhängig wie stark die Bindung zum verstorbenen Tier war und welche Bedeutung das Haustier im Leben des Kindes oder der Familie hatte.[64] Für die Mehrheit der Tierbesitzer ist es ja nicht nur ein Tier, sondern es wird als ein vollwertiges Familienmitglied betrachtet.[65] So bestimmt z.B. ein Hund auch den Tagesablauf ganz erheblich mit. Man geht zu einer bestimmten Zeit mit ihm spazieren, es wird gespielt, gekuschelt und gefüttert und beim Nachhausekommen gibt es von ihm eine stürmische Begrüßung … All diese positiven und schönen Erlebnisse fallen weg, wenn der geliebte Hund plötzlich nicht mehr da ist. Eine sehr schmerzhafte Erfahrung!

---

[64] Siehe: "Human Grief Resulting from the Death of a Pet." Eine Studie von Gerald Gosse und Michael Barnes.
www.tandfonline.com/doi/abs/10.2752/089279394787001970
(aufgerufen am 1.4.2024).
[65] Siehe: www.spectra.at/fileadmin/user_upload/Spectra_Aktuell_Archiv/2013/Akutell_03_13_Haustiere.pdf
(aufgerufen am 1.6.2024).

Manche Haustiere wachsen einem so richtig ans Herz und mit ihrem Tod entsteht eine Lücke, die nicht so leicht zu schließen ist.

Bei Kindern können die Reaktionen ganz unterschiedlich sein. Weinkrämpfe, Wutanfälle, Aggressionen und Essensverweigerung sind möglich. Die Frage nach dem „Wer" oder „Was" hat Schuld am Tod des Tieres taucht immer wieder auf. Eltern sollten, wenn auch sie die Trauer spüren, ihre Gefühle nicht verbergen, sondern mit ihren Kindern ganz offen darüber sprechen. So lernen diese, dass es ganz o.k. ist zu trauern und ihre Gefühle auch zu zeigen. Sie brauchen in dieser Zeit viel Trost und Zuwendung und nicht unbedingt für Erwachsene logisch erscheinende Erklärungen.

Wenn Dir, liebe Leserin, lieber Leser, die biblische Sichtweise als möglich erscheint, dann kannst Du sagen:
„Ich denke Leo ist jetzt im Himmel. Er fühlt sich dort so richtig wohl. Gott meint es sehr gut mit ihm. Und die Bibel sagt, dass auch wir Menschen, wenn wir an Jesus Christus glauben und ihm vertrauen, in den Himmel kommen. Dann wirst du, wenn Gott es will, Leo wiedersehen."

Es ist auch nicht klug sofort ein Ersatztier zu beschaffen, denn ein Lebewesen kann man nicht so einfach austauschen wie ein Spielzeug. Jedes Tier ist ein Individuum und hat eine ganz eigene „Persönlichkeit" und es kann niemals ein anderes Tier komplett ersetzen.

Ist eine gewisse Zeit vergangen und das Kind wünscht sich ein neues Haustier, so macht es durchaus Sinn diesem Wunsch nachzukommen. Dadurch wird oftmals die Trauer um das verlorene Tier schneller überwunden und die Erinnerung daran wird verblassen.

Es gibt aber auch Kinder, die scheinbar gar nicht reagieren und die Trauer bricht erst zu einem späteren Zeitpunkt aus. Ein ruhiges, offenes und ehrliches Gespräch und viel Verständnis sind hier immer angebracht. Manchmal kann es hilfreich sein einen Abschiedsbrief zu formulieren, so wie es unser Sohn gemacht hat. Dabei dürfen auch mal Tränen fließen. Das ist ein ganz normaler und natürlicher Vorgang, der sich als durchaus heilsam erweist.

Noch ein Tipp: Sprich auch mit anderen Tierbesitzern, die ebenfalls die Verlusterfahrung eines verstorbenen Haustieres gemacht haben, über Deine Gefühle. Auch das kann Dir helfen Deinen Abschiedsschmerz besser zu bewältigen.

Die Trauer um ein Tier ist in unserer Gesellschaft leider noch immer nicht überall akzeptiert. Und so werden Kinder wie Erwachsene mit ihrem Schmerz oft allein gelassen. Diese Tatsache sollte nicht beiseitegeschoben oder ins Lächerliche gezogen werden und auch in der Seelsorge deutlich mehr Beachtung finden.

Wenn es nun Hoffnung gibt, dass unsere Tiere im Himmel sein könnten und wir sie wiedersehen möchten, dann ist es für uns von enormer Wichtigkeit, dass auch wir dorthin kommen. Das ist doch klar!
Deshalb zum nächsten Abschnitt.

13. Wie kommen Menschen in den Himmel, was sagt die Bibel dazu?

Achtung, Achtung - jetzt geht es um uns!

Die Bibel ist nicht für die Tiere geschrieben, sondern für uns Menschen!
Was unsere Mitgeschöpfe betrifft – deutet sie manches an, aber das ist für uns nicht am Wichtigsten und auch nicht wesentlich. Es geht um uns, um Dich und mich, um unser ganz persönliches Leben und unsere weitere Existenz!
Was uns Menschen betrifft ist die Bibel ganz klar und eindeutig. Dazu möchte ich jetzt noch ein paar Hinweise geben.

Wie zu Beginn erwähnt, hat sich der Mensch aus eigenem Willen von seinem Schöpfer getrennt. Er wollte unabhängig und autonom sein, so sein wie Gott. Dabei hat er sich und die ganze Schöpfung, für die er verantwortlich ist, in die Gottesferne und somit in den Tod gerissen.

Die Bibel sagt uns aber auch, dass Gott uns Menschen trotzdem liebt.[66] Deshalb bietet er uns eine Lösung an. Er hat uns Menschen nicht geschaffen um zu sterben, sondern um zu leben!

So heißt es:

> *„Meinst du, dass ich Gefallen habe am Tod des Gottlosen, spricht Gott der HERR, und nicht vielmehr daran, dass er sich bekehrt von seinen Wegen und am Leben bleibt?" Hesekiel 18,23*

Die Bibel sagt uns ganz klar und eindeutig: Gott handelt hinein in unseren Raum und in unsere Zeit. Er heilt, er rettet und er steht zu seinem Wort!

> *„So sehr hat Gott die Welt geliebt, dass er seinen einzigen Sohn gab, damit jeder der an ihn glaubt nicht verloren geht, sondern das ewige Leben hat." Johannes 3,16*

---

[66] 1.Timotheus 2,4: „Gott will, dass alle Menschen gerettet werden und sie zur Erkenntnis der Wahrheit kommen."

Jesus hat es einmal so formuliert:

> *„Ich bin die Auferstehung und das Leben. Wer an mich glaubt, der wird leben, auch wenn er stirbt; und wer da lebt und glaubt an mich, der wird nicht mehr sterben.*
> *Wahrlich, wahrlich, ich sage euch: Wer mein Wort hört und glaubt dem, der mich gesandt hat, der hat das ewige Leben und kommt nicht in das Gericht, sondern er ist vom Tode zum Leben hindurchgedrungen."* Johannes 11,25-26; 5,24

Diese Worte Jesu sind von enormer Wichtigkeit und haben eine unendliche Reichweite und Bedeutung. Niemand vor und auch nach Jesus hat es gewagt so etwas zu sagen und das noch dazu mit einer Auferstehung aus dem Tode zu beglaubigen.

Also, die Antwort liegt im Glauben und im Vertrauen auf den Sohn Gottes, Jesus Christus. Aber was bedeutet das?

Die Bibel bezeugt: der Tod Jesu war stellvertretend für uns. *„Gott der HERR aber warf unser aller Sünde auf ihn."*[67] Durch seinen Tod am Kreuz bewirkte Jesus Vergebung. Diese Vergebung ist für alle, die an ihn glauben und sie annehmen.[68] Jesus starb um die Trennung zwischen Gott und uns Menschen zu

---

[67] Jesaja 53,6
[68] Johannes 3,16; Römer 4,24-25

beseitigen. Er, der Schuldlose, hat den Weg für die Schuldigen wieder freigemacht.[69]

Schon Jahrhunderte bevor Jesus auf die Welt kam, wurde diese Tatsache in der Bibel immer wieder gezeigt, begründet und Jesus als Retter vorhergesagt. Ich möchte hier nur beispielhaft aus dem Buch des Propheten Jesaja zitieren, der dies etwa 720 v.Chr. geschrieben hat:

„Fürwahr, er trug unsre Krankheit und lud auf sich unsre Schmerzen. Wir aber hielten ihn für den, der geplagt und von Gott geschlagen und gemartert wäre.
Aber er ist um unsrer Missetat willen verwundet und um unsrer Sünde willen zerschlagen. Die Strafe liegt auf ihm, auf dass wir Frieden hätten, und durch seine Wunden sind wir geheilt.
Wir gingen alle in die Irre wie Schafe, ein jeder sah auf seinen Weg. Aber der HERR warf unser aller Sünde auf ihn." [70] *Jesaja 53,4-6*

Die Bibel gibt uns Hoffnung, ja mehr noch, sie gibt uns eine klare Zusage. Unsere tiefe Sehnsucht nach Liebe, Geborgenheit und Frieden, aber auch nach

---

[69] 1.Petrus 2,24-25; 3,18.
[70] Die prophetische Ausdrucksweise ist hier wie ein Zurücksehen auf das, was in der Zukunft geschehen wird. Für uns ist es jetzt bereits Vergangenheit.

vergebener Schuld, Gerechtigkeit und Sinnerfüllung, ist nicht vergeblich und nicht aussichtslos.

Weiters sagt Jesus:

> *„Kommt alle her zu mir, die ihr euch abmüht und unter eurer Last leidet! Ich werde euch Ruhe geben. Vertraut euch meiner Leitung an und lernt von mir, denn ich gehe behutsam mit euch um und sehe auf niemanden herab.*
> *Wenn ihr das tut, dann findet ihr Ruhe für euer Leben. Das Joch, das ich euch auflege, ist leicht, und was ich von euch verlange, ist nicht schwer zu erfüllen." Matthäus 11,28-30 (HFA)*

Das bedeutet: Gott hält uns in Jesus seine ausgestreckten Hände entgegen und er wartet darauf, dass wir sie ergreifen.

Und nochmals: Wir Menschen sind für die Ewigkeit, für den Himmel bestimmt und nicht für den Tod! Im Neuen Himmel und auf der Neuen Erde wird es den Tod nicht mehr geben.

> *„Gott wird abwischen alle Tränen von ihren Augen, **und der Tod wird nicht mehr sein**, noch Leid noch Geschrei noch Schmerz wird mehr sein; denn das Erste ist vergangen. Und der auf dem Thron saß, sprach: **Siehe, ich mache alles neu!"** Offenbarung 21,4-5a*

14. Ein ganz persönlicher Gedanke

Liebe Leserin, lieber Leser, ich wünsche Dir, dass Du durch das Lesen in der Bibel ganz persönlich von Gott angesprochen und ermutigt wirst, diesem Jesus zu vertrauen und Dein Leben in seine Hand zu geben. Dann steht der Himmel für Dich offen. Das sage nicht ich, sondern die Bibel.

Die Entscheidung liegt bei Dir!

Und vielleicht, ja vielleicht ist es von Gott so gewollt und Du kannst auch Dein Haustier im Himmel wieder in die Arme schließen…